LES

MÉTAMORPHOSES

D'OVIDE

VAUDEVILLE EN 1 ACTE

PAR

M. NEVERMIND

Représenté pour la première fois sur le théâtre de Rochefort
(direction de M. E. FILLION), le 21 janvier 1864.

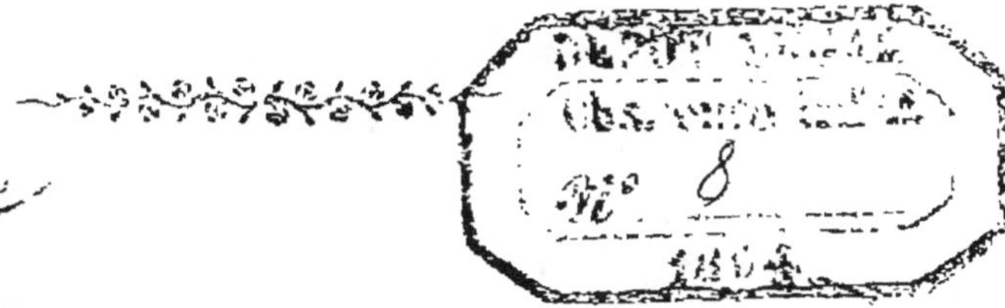

ROCHEFORT

TYPOGRAPHIE CH. THÈZE, PLACE COLBERT

—

1864

LES MÉTAMORPHOSES D'OVIDE

LES
MÉTAMORPHOSES
D'OVIDE

VAUDEVILLE EN 1 ACTE

PAR

M. NEVERMIND

Représenté pour la première fois sur le théâtre de Rochefort
(direction de M. E. FILLION), le 21 janvier 1864.

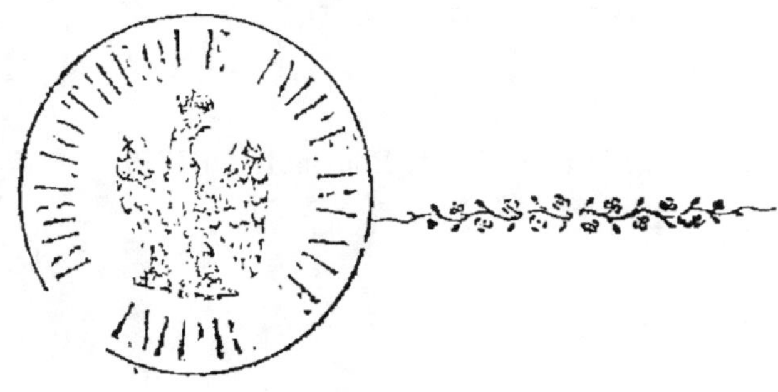

ROCHEFORT

TYPOGRAPHIE CH. THÈZE, PLACE COLBERT

—

1864

PERSONNAGES.

OVIDE, artiste dramatique....... \
Sir JOHN CROCKETT.......... ⎞
La marquise DE BOISRUOLZÉ... ⎬ MM. TONY-ROLLAND.
Le colonel BRÉVAL........... ⎠
BOUTINET, ex-secrétaire de sous-
   préfecture .... VALSAIN.
ALBERT FERMOND, lieutenant de
   vaisseau................... LABORDE.
UN DOMESTIQUE............ FOULON.
MATHILDE BOUTINET........ Mlle JEANNE BARDE.

La scène se passe au château de M. Boutinet, en 1819.

LES
MÉTAMORPHOSES
D'OVIDE.

Le théâtre représente un salon richement meublé.

SCÈNE PREMIÈRE.

MATHILDE, OVIDE, ALBERT.

(Au lever du rideau, Mathilde et Albert sont assis, Ovide est appuyé sur le dos d'une chaise. Aux premiers mots d'Ovide, tous se lèvent, comme terminant une conversation animée, mettent les chaises en place et avancent en scène).

OVIDE.

Ainsi, voilà qui est convenu, on va essayer d'arracher à ce père terrible son consentement à votre mariage.

ALBERT.

Que de reconnaissance ne te devrons-nous pas, si tu réussis !

OVIDE.

Eh bien ! mademoiselle Mathilde, en voulez-vous autant à votre fiancé d'avoir pour intime ami un sacripant de comédien comme moi, comme on disait au bon vieux temps.

MATHILDE.

Monsieur Ovide, toutes les professions sont honorables, quand elles sont exercées honorablement.

OVIDE.

Et vous avez raison ! Voyez-vous, mes amis, c'était pour moi une vocation irrésistible. Albert le sait ; quand ensemble nous étudiions les mathématiques pour entrer au collége royal de la marine, à Angoulême, auquel on nous destinait, je ne rêvais que théâtre !

ALBERT.

Je le crois bien ! Au lieu de piocher ton Bezout, tu lisais et relisais Molière !

OVIDE.

Je le dévorais, mon ami, c'est un génie sublime, notre maître à tous, auteurs et comédiens, et que jamais personne n'égalera. De l'admiration à l'imitation il n'y a qu'un pas, je voulus être et je fus comédien *. Qui ne l'est pas, d'ailleurs ! Le monde est un vaste théâtre où chacun joue son rôle !

AIR *de la Petite Margot.*

Dans ce bas monde,
Tous à la ronde,
Jouons-nous pas, gaîment ou tristement,
Chacun un rôle
Plus ou moins drôle,
Dont nul ne sait, ici, le dénoûment ?

Comédien : cet amant si fidèle,
De bonne foi jurant d'aimer toujours !
Laissez venir, au printemps, l'hirondelle,
Il oubliera ses premières amours...
Et cette belle,
Toujours rebelle,
Qui, jusqu'alors, a repoussé vos vœux,
Elle s'enflamme,
Et de son âme
Vous devinez les timides aveux !

---

* Mathilde et Albert causent ensemble, Ovide en avant de la scène.

Comédien : cet époux doux et tendre,
De petits soins accablant sa moitié ;
Mais c'est chez lui qu'il faut aller l'entendre,
Ours mal léché, pour elle sans pitié.
    Et cette veuve,
    Son cœur s'abreuve
D'un noir chagrin dont on est attendri !
    Elle soupire
    Et n'ose dire
Ses vœux ardents pour trouver un mari !

Comédien : ce parent dont le zèle,
Pour vous se montre, en toute occasion ;
Depuis longtemps, ce que son cœur appelle :
C'est d'empocher votre succession !...
    Cette coquette
    Est toute prête
A vous trahir en vous donnant son cœur ;
    Et la frivole,
    Qui vous cajole,
A des bontés pour monsieur son coiffeur !

Comédien : le courtisan qui flatte
Les passions et les travers des grands ;
Dans leurs salons, son fanatisme éclate !
Que le vent tourne... et ce sont des tyrans !
    Ce philanthrope
    Est misanthrope,
L'humanité !... c'est son moindre souci.
    Et ce sophiste,
    Un anarchiste,
Qui ne ferait ni grâce, ni merci !

Comédien : ce grand homme qui pose
Pour n'aimer point l'encens ni les honneurs ;
La modestie est une belle chose
D'un autre temps... et n'est plus dans nos mœurs !
    Ce Lovelace
    Fait la grimace
En entendant quelque joyeuseté ;
    Mais, en cachette,
    Mainte grisette
Connaît l'envers de sa rigidité !

Comédien : cet acerbe critique
Qui vous louait en vous tendant la main,
Candide auteur !... son journal, le *Moustique*,
Va, sans remords, vous éreinter demain !
Ce moraliste
Est libelliste.
Ce buveur d'eau dîne chez Tortoni...
Mais cette enquête,
Là, je l'arrête,
Car ce serait, messieurs, à l'infini !...

Dans ce bas monde,
Tous à la ronde,
Jouons-nous pas, gaîment ou tristement,
Chacun un rôle
Plus ou moins drôle,
Dont nul ne sait, ici, le dénoûment ?

* Mais venons à vous et établissons bien nos batteries. Mademoiselle Mathilde, redites-moi, je vous prie, votre situation vis-à-vis d'Albert et de M. Boutinet ?

MATHILDE.

Avant qu'Albert ne partît, il y a trois ans, pour son voyage autour du monde, mon père lui avait promis ma main...

ALBERT.

Mathilde était pauvre alors ; mais, pendant mon absence, mon oncle a fait un héritage colossal...

MATHILDE.

Et mon père ne veut plus entendre parler des projets d'union qu'il avait formés entre mon cousin et moi.

OVIDE.

Parbleu ! vous êtes riche, il est pauvre ; ne sont-ils pas tous les mêmes !

ALBERT.

Et pourtant nous nous aimons toujours, nous !

MATHILDE.

Il me semble que ça ne se commande pas, l'affection. Et

---

* Mathilde, Ovide, Albert.

parce que notre position de fortune a changé, mon cœur devait-il changer aussi ?

ALBERT. (Il lui tend la main).

Chère Mathilde !

OVIDE.

Il s'agirait donc de faire revenir le papa sur la décision qu'il a prise à l'égard d'Albert, et c'est, mes amis, ce que je vous ai promis d'essayer.

MATHILDE.

Mais, comment?...

OVIDE.

C'est mon secret, permettez-moi de le garder ; mais ayez confiance en moi.

ALBERT (prenant le bras d'Ovide et faisant quelques
pas vers la droite).

Je suis bien impatient de savoir par quels moyens tu penses écarter d'ici les prétendants à la main de Mathilde ? Il y en a deux surtout qui me donnent la plus vive inquiétude. (Ils reviennent au milieu).

OVIDE.

Oui, vous me l'avez dit : M. de Boisruolzé, un gentilhomme ruiné, et un certain colonel Bréval.

MATHILDE.

Ce n'est pas tout, Albert oublie le plus à craindre peut-être, M. John Crockett, le correspondant, à Londres, du banquier de mon père, auquel il a presque persuadé que ce sera le meilleur mari pour moi.

OVIDE.

Et M. votre père ne connaît pas ce M. John Crockett !

MATHILDE.

Il ne l'a jamais vu, pas plus que les autres prétendants ; pourtant, il veut me contraindre à faire un choix parmi eux, quand j'ai juré à Albert... J'aimerais mieux entrer au couvent !...

OVIDE.

Ce qui serait vraiment dommage. (Il réfléchit). M. John Crockett, en effet, doit être bien dangereux pour vous : il est riche ! C'est donc de ce côté qu'il faut d'abord frapper.

ALBERT.

Mais enfin, comment espères-tu détourner le malheur qui nous menace ?... Je connais mon oncle ; quand il a mis quelque chose dans sa tête...

OVIDE.

J'ai mon idée... Laisse-la moi donc mettre à exécution, tu te désoleras après, si j'échoue. (Bruit de voix au dehors).

MATHILDE. (Elle remonte).

Mais j'entends la voix de mon père. C'est lui... (Elle redescend).

OVIDE.

Nous vous laissons, mademoiselle. Pour la réussite des projets que j'ai conçus, il faut que M. votre père ignore l'arrivée d'Albert.

MATHILDE.

Ah ! monsieur, il y a une heure à peine vous étiez un inconnu pour moi, et maintenant vous avez fait renaître dans mon cœur une espérance à demi-détruite. Comment vous dire toute la sympathie que m'inspire le meilleur ami de mon fiancé.

ALBERT.

Voici mon oncle.

OVIDE (à Mathilde).

A bientôt. (A Albert). Viens donc que j'achève de t'expliquer mes plans.

ENSEMBLE.

ALBERT et MATHILDE.	OVIDE.
Bon espoir ;	Bon espoir ;
Au revoir,	Au revoir,
Dans mon cœur la confiance,	Dans leurs cœurs la confiance,
Aujourd'hui,	Grâce à moi,
Grâce à lui,	Je le voi,
Fait renaître l'espérance.	Fait renaître l'espérance.

(Albert et Ovide sortent par la gauche).

SCÈNE II.

MATHILDE, BOUTINET.

BOUTINET.

Eh bien ! mauvaise tète ! sommes-nous plus raisonnable aujourd'hui ? Avons-nous abandonné nos idées romanesques ? Et veut-on écouter enfin les sages conseils d'un père ?

MATHILDE.

Pouvez-vous , mon père , traiter d'idées romanesques l'affection que je porte à mon cousin ! Car, enfin, cette tendresse vous l'avez autorisée dans des temps alors meilleurs pour moi, malgré notre pauvreté : ils me permettaient de donner ma main à Albert, à celui qu'avait choisi mon cœur.

BOUTINET.

Ne revenons pas sur ce chapitre : je t'ai dit et redit formellement quelles étaient mes intentions à cet égard. Je ne puis consentir, mon enfant, à ce que tu deviennes la femme d'un simple officier de marine, qui n'a pour toute richesse que son épée. Albert est un charmant garçon que j'aime fort comme neveu ; mais comme gendre, ni lui, ni toi n'y devez compter !

MATHILDE.

Pourtant, mon père, vous lui aviez fait espérer avant qu'il ne partît, vous vous étiez même engagé....

BOUTINET.

Assez !... ma fille !...

MATHILDE.

Enfin !... s'il venait aujourd'hui, ici, réclamer la promesse que vous lui aviez faite...

BOUTINET.

Eh bien ! je le voudrais !.... Je suis sûr qu'il serait plus raisonnable que toi. Il comprendrait qu'il ne peut aspirer à la main d'une riche héritière, quand il est de son côté sans fortune.

MATHILDE.

Est-ce sa faute, si nous sommes devenus riches ! Cela n'a pas changé mes sentiments pour lui.

AIR : de la romance de *Teniers*.

> Car, mon bon père, moi, je l'aime,
> Et ne veux que lui pour mari ;
> Il me semble aussi que vous-même
> L'avez juré, père chéri....
> Albert a donc notre promesse
> Et ce serait mal d'y manquer ;
> Notre mutuelle tendresse
> Est un droit qu'il peut invoquer.
> Ce droit il viendra l'invoquer.

BOUTINET (sévère).

Ce n'est pas de cela qu'il s'agit. Je sais mieux que toi le mari qu'il te faut, l'époux qui te convient. Avant peu je te présenterai M. John Crockett. Mon banquier, M. Fromentin, vient de me confirmer l'arrivée de ce gentleman sous quelques jours. Il dit que c'est un homme fort bien, et tu sais quelle fortune il possède ! Quand tu le connaîtras, j'espère te voir devenir plus raisonnable...

MATHILDE (dépitée, en s'éloignant).

Non, mon père, n'y comptez pas...

BOUTINET.

C'est ce que nous verrons...

(Mathilde sort en murmurant).

SCÈNE III.

BOUTINET (seul).

Ces petites filles sont étonnantes, elles ne veulent pas comprendre qu'il y ait certains événements dans la vie qui changent tous les projets. Quand j'étais secrétaire à la sous-préfecture, je pouvais accorder ma fille à un petit officier ; mais, quand on est devenu millionnaire, cela dérange bien les choses.

Air de *Colalto*.

Ne faut-il pas, au siècle où nous vivons,
Changer d'avis selon la circonstance.
L'argent est tout, et par lui nous avons
Honneurs, crédit : telle est son importance.
Albert est pauvre et ne peut aujourd'hui,
Certe, espérer que ma fille l'épouse.
De son bonheur, ma tendresse jalouse,
Saura choisir un autre époux que lui,
Doit faire choix d'un autre époux que lui !

Il faut nécessairement à Mathilde un mari en rapport avec notre nouvelle position, et je l'obligerai bien à faire un choix convenable.

SCÈNE IV.

LE MÊME, puis OVIDE.

UN DOMESTIQUE (arrivant essoufflé).

M. John Crockett, de Londres, arrive à l'instant, il demande un moment d'entretien. C'est pressé...

BOUTINET.

M. John Crockett déjà arrivé..... Faites entrer..... faites entrer....

OVIDE (personnage de l'Anglais ; il entre roide, lentement).

AIR : *di Tanti*. (Très-lent, chaque note piquée).

Le premier pays de tous,
C'était le libre Angleterre ;
Tout le monde de la terre
Admire et redoute nous.

Good morning, sir, how do you do to day ; quite well, I am very much obliged to you.

---

* La prononciation figurée des mots anglais employés dans cette scène, se trouve à la fin de la brochure.

BOUTINET.

Je ne vous dis pas le contraire !.... C'est Monsieur John Crockett que j'ai l'honneur de recevoir.

OVIDE.

Yes, c'était moi-même, monsieur.

BOUTINET.

Veuillez vous asseoir, monsieur. (Il lui offre une chaise à gauche, qu'Ovide prend et laisse sans s'asseoir).

OVIDE (se dirigeant vers la droite).

Je viens de parcourir votre propriété, monsieur ; elle est fort belle, le parc est immense, les jardins splendides, l'habitation princière...

BOUTINET.

Vous me comblez, milord !.... Veuillez vous asseoir , je vous prie. (Il lui offre une chaise à droite, qu'Ovide prend et laisse tomber sur le pied de Boutinet *).

OVIDE (se promenant toujours).

Mais tout ceci est d'un faible revenu, pour ne pas dire d'un rapport nul. Cela vous coûte deux ou trois cent mille francs, peut-être ?

BOUTINET.

Deux cent cinquante mille francs, monsieur.

OVIDE.

Vous avez là fort mal placé votre... monnaie.

BOUTINET.

Je suis assez riche pour m'être permis cette acquisition, qui fait partie d'ailleurs de la dot de ma fille.

OVIDE.

Aho ! Il n'importe, on n'a jamais raison de faire une mauvaise spéculation ; nous n'en faisons jamais dedans le libre Angleterre qui était le premier pays du monde. Or, c'en est une spéculation mauvaise que de jeter dix mille livres sterling dans l'achat de cette propriété complétement inutile.

---

* Ovide, Boutinet.

BOUTINET.

Cependant, milord....

OVIDE.

Quand je serai le époux de votre demoiselle...[*]

BOUTINET (lui offrant un fauteuil).

Veuillez donc me faire l'honneur....

OVIDE (sans l'écouter).

Quand je serai son époux, disais-je, je m'empresserai de vendre tout cela !

BOUTINET.

Comment, vendre !... du tout, du tout... je n'entends pas... (Ovide s'assied). Enfin.... (Il s'assied).

OVIDE.

Je placerai toute cette argent dedans une magnifique affaire que je prépare, et pour laquelle j'ai besoin d'un million de suite. Toute mon capital étant employé en ce moment, je ne suis pas mécontent du tout d'arranger ce mariage avec mademoiselle votre fille.

BOUTINET (à part).

Ah ! mais ! ah ! mais ! il commence à m'agacer avec ses affaires. (Haut). A propos de ma fille, monsieur, parlons-en.

OVIDE.

Parlons-en. (A ces mots ils s'assoient en face l'un de l'autre, les genoux à se toucher ; ils parlent ensemble).

BOUTINET.

Pardon, je tiens...

OVIDE.

J'ai eu l'honneur de vous demander...

BOUTINET.

Mathilde a reçu une fort belle éducation....

OVIDE.

Taisez-vous ! La main de mademoiselle votre fille...

[*] Boutinet, Ovide.

BOUTINET.

Elle est très-bien élevée, je m'en flatte...

OVIDE.

Taisez-vous ! Vous lui donnez six cent mille francs de dot et cette propriété...

BOUTINET.

Tout le monde se plaît à reconnaître qu'elle a de la grâce...

OVIDE.

Taisez-vous ! Cette affaire me convient...

BOUTINET.

Qu'elle est fort jolie.

OVIDE.

Taisez-vous ! Elle est avantageuse !...

BOUTINET.

Ma fille ?... (Ils se lèvent sans changer de place, se parlant nez à nez en élevant la voix).

OVIDE.

Et il ne tient qu'à vous, monsieur...

BOUTINET.

Enfin, ce n'est pas pour me vanter...

OVIDE.

Que nous concluions cette affaire.

BOUTINET.

Mais c'est une personne accomplie !

OVIDE.

Dès aujourd'hui, si vous voulez.

(Ils se séparent et remettent les chaises en place).

BOUTINET (à part).

Ouf !.... Quel homme ! (Haut). M'avez-vous entendu, monsieur ?...

OVIDE.

Parfaitement, j'ai votre parole d'honneur.

BOUTINET.

Un moment, monsieur, comme vous y allez.

OVIDE.

C'est ainsi que nous traitons les affaires dedans le Angleterre qui était le premier pays du monde.

BOUTINET.

Les affaires, les affaires, soit, monsieur ; mais je ne traite pas le mariage de ma fille unique, de mon héritière, comme une affaire ; et , je désire avant tout savoir si vous lui plaisez, si elle vous plaira à vous-même.

OVIDE.

Je vous répète, monsieur, que le dot de votre demoiselle convient parfaitement à moi !

BOUTINET.

Et moi, je vous répète, milord, que je veux marier ma fille à son gré... Il faut donc que vous la voyiez, que vous cherchiez à lui plaire, et alors...

OVIDE [*].

Qu'est-ce à dire, monsieur, qu'est-ce à dire ; croyez-vous que je vais passer mon temps à faire la cour à mademoiselle votre fille ?... Mes moments sont trop précieux pour que je les perde à de pareilles bagatelles !

BOUTINET.

Bagatelles !...

OVIDE.

Et, depuis une heure, vous hésitez, vous hésitez,... Voulez-vous, oui ou non, me la donner avec le dot...

BOUTINET.

Je voudrais au moins que ma fille...

OVIDE.

Elle n'y était pour rien [...].

[*] Ovide, Boutinet.

BOUTINET.

Par exemple, voilà qui est fort.

OVIDE.

Ces choses se règlent toujours entre gentlemen dedans le
Angleterre qui était le premier…

BOUTINET (l'interrompant).

Je sais ! je sais…

OVIDE.

Eh bien ! alors, *make east, make east*.

BOUTINET.

Que voulez-vous dire, milord ?…

OVIDE.

Dépêchez-vous !

BOUTINET.

Mais cependant, ma fille…

OVIDE.

Quand elle sera ma femme, elle sera d'ailleurs traitée
chez moi sur ce pied-là ; jamais elle ne s'occupera d'affaires.
Elle dirigera comme elle l'entendra son maison, son cuisine,
son roast-beef, son plumpudding ; c'était la tâche de le épouse
dedans le libre…

BOUTINET (l'interrompant).

Ma fille ! s'occuper de roast-beef ! de plumpudding ! Ah !
pour le coup c'est trop fort ! Vous croyez que je vais vous
donner ma Mathilde, un ange, monsieur, avec un million de
dot, pour que vous la considériez, dans votre maison, à
l'égal d'une femme de charge !…. Jamais vous ne serez
mon gendre avec de pareilles idées !

OVIDE (à part).

Bravo ! ça y est !… (Haut). Comme vous voudrez , monsieur, ma manière de voir est immuable, et je n'en saurais
changer pour toutes les héritières de France…

BOUTINET.

Ma fille ne peut vous convenir.

OVIDE.

C'est une affaire manquée ; qu'il n'en soit plus question. Permettez-moi, cependant, monsieur, de vous dire... (lui donnant une poignée de main).

BOUTINET (aimable).

Avec plaisir.

OVIDE.

The times is money.

BOUTINET.

Mais je ne sais pas l'anglais, milord.

OVIDE.

Que je regrette le temps que vous m'avez fait perdre ici en vains propos !

BOUTINET (à part, abandonnant la main d'Ovide).

L'insolent !

OVIDE.

Good by ! good by ! (A part). Et d'un...

REPRISE DE L'AIR.

Le premier pays de tous,
C'était le libre Angleterre ;
Tout le monde de la terre
Admire et redoute nous.

(Ovide s'éloigne lentement en chantant ce couplet).

BOUTINET.

Monsieur, je vous salue !

OVIDE (après être sorti un instant revient et dit à la porte).

Good by !

SCÈNE V.

BOUTINET (seul).

Ouf ! cela commence bien !... Mais, au fait, je ne suis pas fâché de la tournure qu'a prise l'affaire, pour employer le langage de M. John Crockett ! Ne me parlez pas de ces hommes d'argent. Ça ne voit que leur or, et puis leur or !... Je ne veux pas le malheur de ma fille, moi, c'est clair, et M. John Crockett ne l'aurait jamais rendue heureuse, et, en y réfléchissant, je suis bien aise, ma foi, d'en être débarrassé !... Ce ne sont pas les prétendants qui manquent à Mathilde. Un de perdu, dix de trouvés. Ah ! j'aimerais bien mieux avoir pour gendre M. le marquis de Boisruolzé. Un gentilhomme, un marquis, c'est grand, c'est beau ! Ce n'est pas que moi !... Oh non ! mes principes sont connus, je suis pour la charte que nous a si gracieusement octroyée notre bon roi Louis le bien aimé ! Tous les hommes sont égaux devant la loi, c'est écrit !... Cela me plairait assez, pourtant, que ma fille épousât un marquis !... Celui-là n'est pas riche ; mais bah ! je le suis assez pour trois. Si Mathilde était marquise, je me ferais présenter dans le grand monde, dans la haute société !... Et, ma foi, je prierais mon gendre de parler au roi pour me faire obtenir quelque bout de titre : Baron Boutinet , je suppose,.... baron de Boutinet,..... baron Alexandre de Boutinet ! Mais cela ne sonne pas mal à l'oreille ; et, quand aux Tuileries, car j'entends que mon gendre le marquis me présente aux Tuileries, on annoncera M. le baron Alexandre de Boutinet, ventre saint-gris ! comme disait le bon roi ; décidément, il faut que ma fille soit marquise...

SCÈNE VI.

LE MÊME, MATHILDE *.

La voici à propos !... Madame la marquise, recevez mes sincères compliments.

---

* Mathilde, Boutinet.

MATHILDE.

Que voulez-vous dire, mon père ?

BOUTINET.

Je m'habitue à t'appeler madame la marquise, car tu le seras.

MATHILDE.

Moi !... et comment cela ?

BOUTINET.

Palsambleu !... en épousant le marquis de Boisruolzé.

MATHILDE (à part).

Ciel ! (Haut). Lui auriez-vous accordé ma main ?

BOUTINET.

Non... puisque je n'ai pas encore eu l'honneur de le voir ; mais, après de mûres réflexions, c'est à lui que je te destine.

MATHILDE (à part).

Quelle peur il m'a faite ! (Haut). Croyez-vous, cher père, que M. le marquis me conviendra et que de son côté...

BOUTINET.

Immanquablement !.. Un marquis de Boisruolzé, et pauvre encore ! Pour redorer son blason avec ta dot, il sera le plus doux, le plus aimable, le plus prévenant des maris ; tu ne peux manquer d'être heureuse avec lui. Puis, tu verras cette distinction dans sa personne, dans ses manières ; son urbanité, sa politesse... Il te plaira, c'est inévitable !...

AIR : de l'*Apothicaire*.

Quand tu connaîtras le marquis,
Tu verras... tu verras, ma fille,
Quelle grandeur ! quel goût exquis
Dans toute sa personne brille !
De te plaire il sera jaloux ;
Et, je le dis avec franchise,
Pour ton père il serait bien doux
De t'entendre appeler marquise...
Pour tous deux il sera bien doux,
Ma fille, que tu sois marquise !

MATHILDE.

Mais, cher père, vous ne connaissez pas M. de Boisruolzé, comment pouvez-vous me faire l'éloge de ses qualités..

BOUTINET.

Un marquis !... ça doit être ainsi.

UN DOMESTIQUE (entrant).

Madame la marquise de Boisruolzé-Crisocal fait demander à Monsieur s'il veut lui faire l'honneur de la recevoir. (Air du menuet, à l'orchestre).

BOUTINET (à sa fille *).

La marquise ! sa mère, sans doute. (Au valet). Faites entrer madame la marquise.

SCÈNE VII.

MATHILDE, BOUTINET, OVIDE (en marquise **).

LE DOMESTIQUE (annonçant).

Madame la marquise de Boisruolzé !... (Il sort).

(Ovide, en marquise de Boisruolzé, manières impertinentes ; il grasseye ; il entre sur l'air de menuet qu'a continué de jouer l'orchestre ; il avance en faisant deux révérences à Boutinet et à Mathilde. La musique cesse).

BOUTINET.

Quel honneur, madame la marquise.

OVIDE.

Monsieur... Boutinet ?

BOUTINET.

C'est votre très-humble serviteur, madame la marquise... (Il présente sa fille ***). Mademoiselle Mathilde de Boutinet, ma fille ! (A part). Je crois que je m'anoblis.

---

* Boutinet, Mathilde.

** Ovide, Boutinet, Mathilde.

*** Ovide, Mathilde, Boutinet.

MATHILDE (le reconnaissant).

Ah !...

BOUTINET.

Qu'as-tu ?...

OVIDE.

Le pied lui aura tourné...

MATHILDE.

Oui, madame, mais ce n'est rien.

OVIDE.

Pas mal, ma foi, pas mal, pour une petite bourgeoise. Vous êtes fort jolie, mon enfant.

MATHILDE (confuse).

Madame....

OVIDE.

Je vous ai fait l'honneur, monsieur Boutinet, de vous demander la main de cette charmante enfant pour le marquis Rigobert-Ildefonse-Cyriaque-Nicomède-Onésiphon-Ruolzé, marquis de Boisruolzé-Crisocal et autres lieux, mon fils.

BOUTINET.

Honneur dont je suis... (A part). Qu'est-ce que je dis là, moi.

OVIDE (se dirigeant vers la droite).

Dont vous êtes indigne, je le sais. Mais enfin, puisque c'est aujourd'hui la bourgeoisie qui a la richesse, que nos aïeux, par faiblesse, lui ont laissé accaparer, il faut bien que par des... mésalliances, dont nous rougissons.... nous redorions nos blasons *...

BOUTINET (ahuri).

Ah ! madame !... (A part). Que dit-elle donc !...

OVIDE.

Venons au fait. (Ils s'asseoient tous les trois). Mademoiselle

* Mathilde, Boutinet Ovide.

est, dit-on, fort bien élevée. Du moins, dans le sens que vous autres, bourgeois, attachez à ce mot. .

BOUTINET.

Je me flatte, en effet, madame la marquise, que ma fille a reçu la meilleure éducation : l'histoire...

OVIDE.

Pouah !...

BOUTINET.

La géographie...

OVIDE.

Pouah !...

BOUTINET.

La littérature...

OVIDE.

Pouah !...

BOUTINET.

Les sciences, même..

OVIDE.

Pouah !...

BOUTINET.

Elle sait tout... Puis les arts d'agrément : la peinture, la danse, la musique,... elle chante comme un ange.

OVIDE (approuvant).

Mais c'est un prodige... Cette dernière énumération me convient mieux que la première. Je ne suis pas un bel esprit et n'ai pas donné dans le travers de bourrer la tête de M. le marquis, mon fils, d'un tas de choses inutiles, que j'aurai promptement fait oublier à votre fille quand elle sera ma bru. (Tous se lèvent).

BOUTINET.

Cependant, madame la marquise...

OVIDE.

C'est toute une éducation à refaire, je le sais, mais mademoiselle est jeune, et nous l'aurons bien vite décrassée...

(A ce moment, Ovide sort une tabatière de sa poche et prend une prise. Boutinet avance la main pour en prendre une aussi, qu'Ovide lui refuse sans avoir l'air d'y prendre garde).

BOUTINET (à part).

Décrassée !...

OVIDE.

De ce faux vernis roturier, dont vous autres, manants, vous couvrez pour singer la noblesse ! *...

BOUTINET (à part).

Manant, roturier ; elle n'est pas très-polie, je crois, madame la marquise.

OVIDE.

AIR : *C'était Renaud de Montauban.*

Mon cher, vous vous êtes paré,
Comme le geai de Lafontaine,
De notre habit, il est doré,
Très-brillant, la chose est certaine...
Grâce à lui vous êtes venu
Même, parfois, dans notre monde !...
Mais cela dure une seconde :
Vous êtes bientôt reconnu.
Le roturier est bientôt reconnu.

BOUTINET (à Mathilde) **.

Ah ! mais !... Dis-lui donc quelque chose, je n'ose pas, moi !...

OVIDE.

Je consens, néanmoins, mademoiselle, à vous élever jusqu'à nous, et à vous faire marquise de Boisruolzé !... mais j'y mets des conditions...

MATHILDE.

Des conditions !... Mais mon père...

* Mathilde, Ovide, Boutinet.
** Boutinet, Mathilde, Ovide.

BOUTINET (à sa fille).

Ecoute-la jusqu'au bout...

MATHILDE (même jeu).

Puisque vous le voulez...

OVIDE.

La première, c'est que vous oublierez complétement la prétendue éducation que vous avez reçue et dont vous n'avez nul besoin dans la haute position que je vous fais en vous donnant mon fils !...

BOUTINET.

Il me semblait, au contraire, que plus on s'élevait.

OVIDE.

Il est du plus mauvais ton, et cela sent trop son plébéien d'avoir de l'éducation. Un vrai gentilhomme sait signer son nom ; et cela est suffisant, sa femme doit en savoir moins encore....

BOUTINET.

C'est très-facile à apprendre, ça !...

MATHILDE.

O madame, autrefois, je ne dis pas ; mais aujourd'hui !...

OVIDE.

C'est la même chose, mademoiselle ; nous ne changeons jamais !...

MATHILDE.

Cependant, la noblesse actuelle, loin de nier le progrès, y participe, ce me semble...

OVIDE. (Il remonte la scène).

Ah ! le progrès !... Voilà votre dada !... le progrès !... on a tout dit après cela... J'en suis l'ennemie acharnée de votre progrès. Je ne veux pas en entendre parler, et je tiens à ce qu'il en soit ainsi chez tous les miens. (Il redescend)*.

* Boutinet, Ovide, Mathilde.

AIR : *Contentons-nous d'une simple bouteille.*

Votre progrès est un vain mot, ma chère,
Je n'y crois point... et n'ai-je pas raison ;
Car vous avez bouleversé la terre
Et tout détruit, à l'aide de ce nom.
Plus de noblesse et pas un privilége,
Plus de vassaux ; de rentes, je le sais,
Sans les gagner !... Que le ciel nous protége,
La décadence est avec le progrès *...

MATHILDE.

Je crains, madame, que ni mon caractère ni mes idées ne sympathisent avec celles de M. le marquis...

BOUTINET (à sa fille).

Ne la contrarie pas !... (A la marquise) **. Me serait-il permis, madame la marquise, de vous demander...

OVIDE.

Quoi donc, monsieur Boutinet ?...

BOUTINET.

Si ma fille sera présentée à la cour ?...

OVIDE.

Cela va sans dire, monsieur , notre nom est un des plus beaux joyaux de la couronne.

MATHILDE (à part)

Où veut-il en venir ?...

BOUTINET.

Et de mon côté, n'y aurait-il pas possibilité que mon gendre ... m'y présentât aussi..... (A part). Ouf !.. . c'est dit !...

OVIDE.

Comment !... vous !... monsieur *Boutinet* ! vous raillez, je pense...

---

* Ovide, Mathilde, Boutinet.
** Ovide, Boutinet, Mathilde.

BOUTINET.

Mais, nullement !... madame !...

OVIDE.

Vous croyez que je présenterai à la cour un monsieur Boutinet !... Moi !... la marquise de Boisruolzé ! Ce serait plaisant.

BOUTINET. (Il s'anime).

Cependant, madame !...

OVIDE.

Vous n'avez pas la prétention, je pense, que mon fils, en épousant votre fille, vous épouse aussi !...

BOUTINET (animé).

Non, madame !... Mais un Boutinet qui donne un million de dot à sa fille, vaut bien un seigneur aussi désargenté que M. le marquis de Boisruolzé-Crisocal et autres lieux.

OVIDE.

Monsieur !...

MATHILDE.

Mon père !...

BOUTINET.

Ah ! ma foi, tant pis !... Je me révolte à la fin... Madame la marquise, je veux être présenté à la cour avec ma fille, je veux obtenir un titre, n'importe lequel, mes moyens me le permettent !... grand lévrier, si vous voulez, ça m'est égal !... Mais, sac-à-papier, si je me donne un marquis pour gendre, c'est bien le moins qu'il se serve de son nom en ma faveur !... J'ai dit, et je vous préviens, madame la marquise, que je suis très-entêté.

OVIDE.

Jamais, jamais, jamais je ne ferai une pareille forfaiture... Introduire à la cour un vilain, un manant... moi ! *...

* Boutinet, Mathilde, Ovide.

BOUTINET.

Manant !...

MATHILDE (à part).

Calmez-vous, cher père !...

OVIDE.

Il y en a bien assez !...

BOUTINET.

Vous n'aurez pas ma fille !...

OVIDE.

Vertuchoux !... Monsieur, gardez-la !...

BOUTINET.

Ce que je ferai, madame !...

OVIDE (à part).

Enfin ! *...

AIR : *Il faut nous mettre en chasse.*

ENSEMBLE.

Un vilain !... quelle audace !
Vous voulez que je fasse
Cet abus de pouvoir ?
Jamais !... foi de marquise.
Ma faveur n'est acquise
Qu'aux miens : c'est un devoir !...

BOUTINET.

Sac-à-papier !... madame,
Quand de vous je réclame
Si peu, vous refusez !...
Par la dot de ma fille,
Je veux que mon nom brille
Comme les Ruolzés.

MATHILDE (seule).

Aux désirs de mon père,
Que j'aime et je vénère,
Madame, j'obéis...
Et, pour ne rien vous taire,
Je n'aurais pas su plaire
A monsieur le marquis.

* Boutinet, Ovide, Mathilde.

OVIDE (à part à Mathilde).

Très-bien, mademoiselle Mathilde. (Haut). Elle me raille, je crois... moi... une Boisruolzé-Crisocal !.. Ah !... (Il monte et redescend).

ENSEMBLE.

OVIDE.

Un vilain !... quelle audace ! etc.

BOUTINET.

Sac-à-papier !... madame, etc.

MATHILDE.

Aux désirs de mon père, etc.

OVIDE (s'en allant par le fond).

Ah ! les roturiers !... Pouah !... (Il sort).

BOUTINET.

Je vous accompagne, madame la marquise. On sait les égards qu'on vous doit !... (Il sort).

SCÈNE IX.

MATHILDE, puis ALBERT.

MATHILDE (pensive).

Ce pauvre père, comme il se tourmente. Mais fais-je bien de permettre que M. Ovide...

ALBERT (à gauche).

Mathilde, je puis entrer... (Il entre). Eh bien ? *...

MATHILDE.

Eh bien !... les desseins de M. Ovide semblent réussir à merveille.

* Mathilde, Albert.

ALBERT.

Je n'en ai pas douté, lorsqu'il nous les a confiés tout-à-l'heure. Ovide est un artiste d'un rare mérite qui fera parler de lui en France avant peu, je te l'assure. Je suis heureux qu'il ait bien voulu mettre à profit le beau talent qu'il possède pour faire réussir notre mariage.

MATHILDE.

Je l'en remercie également. Mais, cependant, pour mon père, si tu voyais comme il prend tout cela au sérieux, et je ne sais vraiment pas si je puis lui laisser jouer plus long-temps un rôle...

ALBERT.

Avons-nous le choix des moyens...

MATHILDE.

Je ne dis pas !... Pourtant, j'éprouve quelque hésitation à les autoriser et peut-être aurions-nous dû essayer...

ALBERT (s'animant).

C'est-à-dire que vous les désapprouvez, ces moyens, c'est-à-dire que si, par un bonheur que je regarde, moi, comme providentiel, je n'avais amené ici mon ami, mademoiselle Mathilde n'aurait pas lutté contre la volonté de son père...

MATHILDE.

Albert! ne comprends-tu pas mes scrupules ?...

ALBERT (sans l'entendre).

Et peut-être serais-je arrivé fort à propos pour assister à la célébration du mariage de sir John Crockett ou de M. le marquis de Boisruolzé avec celle qui, pauvre, m'avait donné son cœur. Mais je comprends, quand on est devenu riche, on fait bon marché des serments d'amour...

MATHILDE (blessée).

Ah ! vous le croyez !...

ALBERT.

Vous paraissez m'en donner la preuve...

MATHILDE.

Au fait... vous pouvez avoir raison... D'ailleurs, quand il s'agit de faire les volontés d'un père...

ALBERT.

On doit obéir, sans hésiter.

MATHILDE.

Sans hésiter !... Vous me le conseillez...

ALBERT.

Certainement...

MATHILDE.

Merci !... Je ne sais vraiment pourquoi l'on s'attache ainsi aux souvenirs d'enfance, pourquoi l'on croit aux serments qu'on se fait à vingt ans. Est-ce qu'on les tient jamais !...

ALBERT.

Oh ! personne !...

MATHILDE.

Et puis !... est-ce qu'on épouse son cousin... Cela ne se voit plus...

ALBERT.

Oh ! plus du tout... que dans les comédies.

MATHILDE.

Eh bien, si vous m'en croyez, Albert, nous allons mettre fin à celle que joue en ce moment, à notre profit, M. Ovide. Il est inutile de la pousser plus loin, puisqu'elle est sans but.

ALBERT.

Mon Dieu, oui !...

MATHILDE. (Elle remonte la scène et se
dirige vers la gauche).

Et je vais déclarer à mon père que je suis prête à épouser qui bon lui semble...

ALBERT.

Vous ferez bien !... Je suis sûr même que là haut, votre

mère, qui avait reçu nos serments et béni nos jeunes amours,
votre mère vous approuvera.

MATHILDE.

Ma mère !... Albert, que dis-tu ?... Ah ! tu ne sais pas
combien je t'aime... (Elle revient).

ALBERT.

·Chère Mathilde, laisse-moi donc conquérir en toi, ce bien
plus précieux que toute la fortune du monde.

AIR : *Signal d'un amant négligé.*

Dans cet amour, j'ai mis tout mon bonheur,
Tu sais combien, ô ! Mathilde, je t'aime ?
Toi-même aussi tu m'as donné ton cœur,
C'était le vœu de ta mère elle-même.
Et l'on voudrait pourtant nous séparer,
J'aimerais mieux, pour moi, perdre la vie,
Et le seul bien, Mathilde, que j'envie,
Ah ! ce serait de te la consacrer.
Ma vie, à toi, je la veux consacrer.

MATHILDE.

Cher Albert !... Je te crois et je t'aime *... Mais voici mon
père.

ALBERT.

A bientôt !... (Il sort par la gauche).

SCÈNE X.

MATHILDE, BOUTINET.

BOUTINET (agité).

Mathilde, je t'en prie, fais-moi donner un verre de quoi
que ce soit...

---

* Albert, Mathilde.

MATHILDE. (Elle sonne et dit à un domestique).

Du madère !

(Le domestique avance un guéridon au milieu du théâtre. Il sert le madère et sort).

BOUTINET (assis).

Quelle femme !... mon enfant ! quelle femme !... Peste soit des marquises.... tu ne la seras point, ma fille. Ah ! elle m'a mis dans une belle colère, va !... Sais-tu... sais-tu le sort qu'on me réservait après ton mariage ?... Une place d'inten-dant !... Oui, Mathilde. on m'envoyait dans je ne sais quel château en qualité d'intendant !... Ma foi, à ce mot, j'ai tourné les talons à la marquise, je lui en aurais trop dit... Intendant ! quelle femme... Elle m'a fait sortir de mon caractère !...

SCÈNE XI.

LES MÊMES, OVIDE.

(OVIDE, personnage du colonel Bréval, vieux grognard, parler brusque et rude. Il a un tic nerveux dans la figure qui consiste en un mou-vement de tête accompagné d'un clignotement de l'œil et d'un cla-quement de la langue sur les grosses molaires).

UN DOMESTIQUE (annonçant).

Le colonel Brutal ! *

OVIDE (sans voir Boutinet).

Bréval !... animal !... (Le domestique sort en murmurant). Pardon !... mademoiselle. Votre pékin de domestique semble avoir, à dessein, estropié mon nom. Il sort peut-être de mon régiment, où quelques poules mouillées, à qui je menais la vie rudement, vu la fermeté de mes principes en matière de discipline, m'avaient surnommé le colonel Brutal !... Je vous

* Boutinet, Ovide, Mathilde.

réponds qu'ils n'en ont pas porté le péché à Rome !... Mais
ce n'est pas de quoi il retourne !... M. Boutinet !...

BOUTINET.

C'est moi, monsieur !...

OVIDE (lui serrant la main à faire mal).

Enchanté de faire votre connaissance, mille bombes.

BOUTINET.

De mon côté, monsieur. (A part). Quel poignet !...

OVIDE.

Quelle est cette charmante personne ?

BOUTINET.

Ma fille... monsieur.

OVIDE.

Fort bien ! (A part à Mathilde, à laquelle il fait un signe de reconnaissance). Allez-vous en !... (Haut). Ma belle enfant, nous
avons à causer de vous, votre père et moi... Faites-nous
donc le plaisir... (Il lui fait signe de s'en aller).

MATHILDE (à part).

M. Ovide !...

BOUTINET (à Mathilde) *.

Il est sans façon, le colonel... Va faire un tour de jardin,
Mathilde...

MATHILDE (s'en allant).

Oui, papa !... Monsieur !... (Elle salue et sort).

SCÈNE XII.

BOUTINET, OVIDE.

OVIDE.

Mille tonnerres, monsieur, soit dit sans vous offenser, vous

---

* Boutinet, Mathilde, Ovide.

avez une fille autrement tournée que vous !... Et pour la fille
d'un pékin, elle a du chic !...

BOUTINET.

Vous êtes bien bon, colonel, veuillez donc me faire l'honneur de vous asseoir.

OVIDE.

Qu'est-ce que c'est que cette tisane que vous buvez là ?...

BOUTINET.

Du madère !... et si voulez me permettre de vous offrir...
(Il sonne un domestique et fait servir un verre).

OVIDE.

Très-volontiers, mille cartouches !... Je ne suis jamais si
bien qu'à table, moi. (Tous deux à table) *.

BOUTINET.

A votre santé, colonel !...

OVIDE.

A la vôtre, ventrebleu !... (Ils boivent).

BOUTINET (à part).

Il paraît qu'il a l'habitude de jurer, le colonel !...

OVIDE.

Cent mille escadrons de cavalerie !... Je suis dans mon
élément, là... Fameux, fameux madère ! Nous en boirons
souvent, beau-père... Mille fusillades de conscrits, voilà le
grand mot lâché... C'est moi le colonel César Bréval qui ai
eu l'honneur de vous demander en mariage mademoiselle
votre fille.

BOUTINET.

Honneur partagé, colonel !...

OVIDE.

(Il se verse de temps à autre des rasades et semble
peu à peu s'échauffer).

Eh ! mille pipes culottées !... Je ne viens de la voir qu'un

* Boutinet, Ovide.

instant et elle m'a tapé dans l'œil, mais ferme. (Lui tendant la main). A quand la noce, beau-père ?...

BOUTINET.

Comme vous êtes prompt, colonel !...

OVIDE.

Voilà comme je suis, moi !... Votre fille me plait, cela vous convient, je ne m'inquiète pas du reste... Ah ! pourtant, je ne vous cacherai pas, monsieur, que ma position de fortune est loin d'être aussi brillante que la vôtre...

BOUTINET.

Cette franchise est d'un galant homme !...

OVIDE.

J'ai bien eu dans ma jeunesse soixante bonnes mille livres de rentes. Mais bah !... j'ai promptement entamé le capital !... car j'aime les grandes choses !... J'ai eu jusqu'à dix chevaux dans mes écuries et cinquante chiens dans mon chenil.

BOUTINET.

Vous êtes chasseur, colonel ?...

OVIDE.

Comme Nemrod, c'est une passion chez moi !...

BOUTINET.

Et vous chassez encore ?...

OVIDE.

Plus que jamais !... Corne de cerf ! la chasse, le vin et les femmes !... Ah !...

AIR :

Mon cher, il faut sur cette terre,
Morbleu, voilà mon caractère,
    Vivre en buvant !...
Le bon vin, c'est l'ami de l'homme,
Buvez donc et vous verrez comme
    On est content !...

(Il se lève).

Il faut chasser à perdre haleine·
Dans la forêt et dans la plaine
    Lièvres et loups.
Tayau !... Mes nobles chiens de race,
Du cerf on a trouvé la trace,
    Il est à nous.

      (Il s'asseoit à califourchon près de Boutinet).

Il faut aussi chérir les belles ;
Que serait le monde sans elles,
    Dites-le moi ?...
Voilà, mon cher, toute ma vie ;
D'en changer je n'ai pas envie,
    Non, par ma foi !...

BOUTINET.

Hem ! colonel, je trouve que vous êtes !... Ah ! vous aimez la chasse,... le vin et les femmes !...

OVIDE.

Si j'aime les femmes ?... Allons donc, Boutinet, tu ne bois pas, ma vieille ?

BOUTINET.

Non, merci !... (A part). Voilà qu'il me tutoye maintenant.

OVIDE.

A ta santé, beau-père !... (Il boit). Oui, mon cher, le beau sexe a été aussi ma passion; mais une fois marié, n...i... ni, c'est fini, plus de fredaines.

BOUTINET.

A la bonne heure !...

OVIDE.

On sait ce qu'on doit à sa femme !... et pourvu qu'elle me laisse chasser et boire à ma guise !...

BOUTINET.

Ah ! vous voulez boire... et... chasser. .

OVIDE.

Vingt-cinq millions de bombes !... tu plaisantes, beau-père !... Si je veux boire !... mais il faudra bien que tu me tiennes tête...

BOUTINET.

O jamais... Je suis d'une constitution trop délicate et le moindre excès me rend malade. .

OVIDE.

Allons donc, pékin, je te formerai l'estomac et le caractère !... Veux-tu fumer une bouffarde. (Il tire une longue pipe de sa poche et fume). Tu permets ?...

BOUTINET.

Hem ! hem !... je ne peux pas supporter l'odeur ni la fumée du tabac !...

OVIDE.

Quel patatrac de pékin tu fais, mille tambours. A ta santé !... Tu as besoin d'être refondu... cher beau-père ! Ma future... fume-t-elle ?... (Tous deux se lèvent).

BOUTINET.

Vous plaisantez, colonel ?... Ma fille... hum !... hum !... ne peut pas plus que moi... hum !... hum !... supporter votre infâme tabac ! ..

(Il sonne un domestique et lui donne l'ordre muet de mettre le guéridon en place).

OVIDE *.

Le tabac !... infâme !... ta, ta, ta, il faudra bien, mordieu, qu'elle s'y habitue... Je dors avec ma pipe ..

BOUTINET.

Agréable compagnon de lit !... mais auquel ma fille ne se fera jamais !...

OVIDE. (Il se lève).

Elle s'y fera, parbleu !...

Ovide, Boutinet.

BOUTINET.

Elle ne s'y fera pas ! (A part). Et pour cause !...

OVIDE.

C'est ce que nous verrons, une fois mariés.

BOUTINET.

Mais ce n'est pas encore fait !...

OVIDE.

Qu'est-ce à dire ?... N'ai-je pas votre parole ?...

BOUTINET.

Je ne pense pas, colonel !...

OVIDE.

Comment !... me prend-on ici pour un... jobard...

BOUTINET.

Oh ! non, colonel ; mais je ne me suis nullement engagé vis-à-vis de vous !... J'ai d'ailleurs ma fille à consulter... avant tout !...

OVIDE.

Qu'est-ce que c'est que ces biais-là... Je n'aime pas les détours, moi, et vais droit au but !... Vous ne m'avez pas promis la main de votre fille...

BOUTINET.

Mais, pas positivement, colonel !...

OVIDE.

Mais si, ventrebleu !

BOUTINET.

Mais non ! non !...

OVIDE.

J'ai donc menti !... Trente-six mille millions de coups de canon.

BOUTINET.

Monsieur, vous oubliez que vous êtes chez moi.

OVIDE (furieux) *.

Corne de cerf!... C'est la première fois qu'un pékin se permet de donner un démenti au colonel Bréval!... Cela vaut un coup d'épée... Monsieur!... nous nous battrons !

BOUTINET (effrayé).

Nous... battre... comment... monsieur... nous battre... (A part). Sac à papier!... quel enragé... je suis mort...

OVIDE.

Oui!... par ma barbe, nous nous battrons!...

(Boutinet est tombé anéanti dans un fauteuil; aux derniers mots d'Ovide, Albert et Mathilde rentrent en scène par le fond).

SCÈNE XII.

LES MÊMES, ALBERT, MATHILDE **.

ALBERT (à Ovide).

Oui, monsieur, vous vous battrez, mais pas avec monsieur (montrant Boutinet), avec moi !...

BOUTINET (se levant).

Albert... ici !...

OVIDE.

Avec vous, monsieur !... Je ne vous connais pas. Qui donc êtes-vous?...

ALBERT.

Son fils!... monsieur !...

BOUTINET (à Mathilde).

Mon fils ?...

* Boutinet, Ovide.
** Boutinet, Mathilde, Albert, Ovide.

MATHILDE (à son père).

Silence !... il vous sauve !...

OVIDE.

Ah ! monsieur a un fils !... Je croyais mademoiselle fille unique...

BOUTINET *.

Oui !... c'est-à-dire; non !.. C'est Albert, c'est mon fils !..

ALBERT.

Vous comprenez, monsieur, que je ne puis laisser mon... père se battre avec vous. Ce ne serait plus un duel : mon père n'a jamais touché une épée de sa vie. Mais avec moi, vous aurez un adversaire digne de vous, je l'espère.... et si vous voulez me faire cet honneur...

OVIDE.

J'accepte, monsieur, sortons...

BOUTINET.

Comment, tout de suite... ainsi ?... Albert.

ALBERT (à Boutinet).

Soyez sans inquiétude... mon père. (A Ovide). Je vous suis, monsieur, il vaut mieux régler de suite cette affaire...

BOUTINET.

Mais cependant, il me semble que si je...

OVIDE (l'interrompant, à Albert).

Vous êtes brave... tant mieux... Je vous attends au bout du parc... il y a là un endroit charmant.

ALBERT.

Je m'y rends !... (Ovide sort brusquement).

* Mathilde, Boutinet, Albert, Ovide.

SCÈNE XIII.

Les Mêmes, moins OVIDE.

BOUTINET [*].

Toi, Albert, toi, ici, et dans quelles circonstances !

ALBERT.

Mon cher oncle.

BOUTINET.

Est-ce bien toi que je croyais encore au bout du monde.! .

MATHILDE.

Albert arrive aujourd'hui même de sa longue campagne. J'avais été assez heureuse pour le recevoir la première, et nous nous empressions de venir vers toi...

ALBERT.

Quand nous avons entendu la voix de ce monsieur, qui semblait vous menacer ; vous savez le reste...

BOUTINET.

Comme tu es arrivé à propos ! .. Ce brutal de colonel ! .. Tu me sauves la vie !...

MATHILDE.

Mais lui, mon père ?...

BOUTINET.

Sac-à-papier !... tu as raison !... Albert, cher Albert. Je ne veux pas que tu te battes !... moi !... s'il allait !.. Oh !.. et, pour moi, moi qui allais manquer à la parole !...

ALBERT.

C'est mon devoir de neveu, et, comme au colonel, j'oserais vous dire plus.... si vous n'avez pas oublié qu'avant mon départ !..

[*] Mathilde, Boutinet, Ovide.

BOUTINET.

Oh ! non !... ton devoir de fils, tu as raison !...

AIR : *Au brave hussard du 5me.*

Oh ! oui ! mon fils... ce nom je te le donne,
C'est bien le tien et tu l'as mérité.
Moi qui voulais... (A sa fille) Ah ! Mathilde, pardonne
A ton vieux père un peu de vanité.
Je suis puni par trop de vanité !...
(A Albert) Mais, grâce à Dieu, qui vers nous te ramène,
Je puis tenir mon serment, je le dois !...
Soyez unis !... c'est une douce chaîne
Qui nous rendra bien heureux tous les trois.

ALBERT.

Oh ! mon oncle !...

MATHILDE.

Oh ! mon père !...

BOUTINET.

Mais, comment faire avec ce colonel !

ALBERT (avec un sourire).

Il y aura peut-être moyen d'arranger cela.

MATHILDE.

Ne songeons donc plus au passé !...

BOUTINET.

Soit !... Toi, tu songes au futur, mais, moi, je pense au présent ; ce maudit colonel me trouble la tête.

SCÈNE XIV ET DERNIÈRE.

LES MÊMES, OVIDE (costume de ville) *.

OVIDE.

M. Boutinet ?

____

* Mathilde, Boutinet, Ovide, Albert.

BOUTINET.

C'est moi, monsieur.

OVIDE (voix d'Anglais).

How do you do, to day, sir?... Vous savez que le Angleterre il était le premier pays du monde.

BOUTINET (ahuri).

Qu'est-ce que j'entends-là ?

OVIDE (voix de marquise).

Eh bien ! vilain, eh bien ! manant, m'accordez-vous la main de mademoiselle votre fille pour M. le marquis Rigobert-Ildefonse - Cyriaque - Onésiphon - Nicomède - Ruolzé, marquis de Boisruolzé-Crisocal et autres lieux, mon fils.

BOUTINET.

Que veut-il dire ?...

OVIDE (voix de colonel).

Ce que je veux dire, mille millions de trompettes, c'est que vous êtes un brave et moi aussi.

BOUTINET.

Je reconnais le poignet ! Mais enfin, m'expliquera-t-on ?...

ALBERT [*].

D'un seul mot, mon cher oncle. Permettez-moi de vous présenter M. Ovide Moynier, artiste dramatique et mon intime ami.

BOUTINET.

Je l'avais deviné.. Ces comédiens n'en font jamais d'autres.

MATHILDE.

Vous ne nous en voulez pas, cher père ?...

BOUTINET (sévère).

Pardon !... beaucoup !... et pour preuve... (souriant) c'est que j'ai l'honneur de vous faire part du mariage de M.

[*] Mathilde, Boutinet, Albert, Ovide.

Albert Fermond, lieutenant de vaisseau, avec Mlle Mathilde Boutinet, ma fille ; nous signerons le contrat demain *.

OVIDE.

Tout le monde est content, heureux, on se marie ; cela finit absolument comme un vaudeville.

BOUTINET.

Mais il faudrait un couplet final, alors.

OVIDE.

Il est de rigueur et si vous le permettez.

BOUTINET.

Sans doute !... Vous êtes artiste !...

OVIDE.

AIR : *Je n'ai pas vu ces bosquets de lauriers.*

L'auteur, messieurs, m'a confié ce soir,
Tout en tremblant, le succès de l'ouvrage.
Ah ! n'allez pas détruire son espoir,
Que vos bravos raniment son courage ;
Si mes efforts n'ont pas eu le bonheur
De vous charmer, surtout de vous distraire,
Au moins, messieurs, n'est-ce pas un honneur.
Un vrai plaisir, une insigne faveur
D'avoir essayé de vous plaire. *(Bis)*.

Le rideau tombe.

* Mathilde, Albert, Boutinet, Ovide.

Rochefort. — Imp. Ch. THÈZE, rue Saint-Pierre, 123.

Page 13. — Goud mornigne, seur, haou dou you dou tou
dé; kouaïte ouell, ail ame véré meuttche
oblaïdje teu you.

Page 18. — Méke este, méke este.

Page 19. — Tzi taïmms iz mortal;

— Goud' bail!

www.ingramcontent.com/pod-product-compliance
Lightning Source LLC
Chambersburg PA
CBHW051736050726
47598CB00003B/1209